RÉPUBLIQUE FRANÇAISE

MINISTÈRE DE LA GUERRE

CAHIER DES CHARGES COMMUNES

DU 4 AVRIL 1910

POUR LA FOURNITURE

AU SERVICE DE L'ARTILLERIE

DES

FICELLES ET CORDAGES

ET

INSTRUCTION SPÉCIALE

POUR L'APPLICATION DUDIT CAHIER DES CHARGES COMMUNES

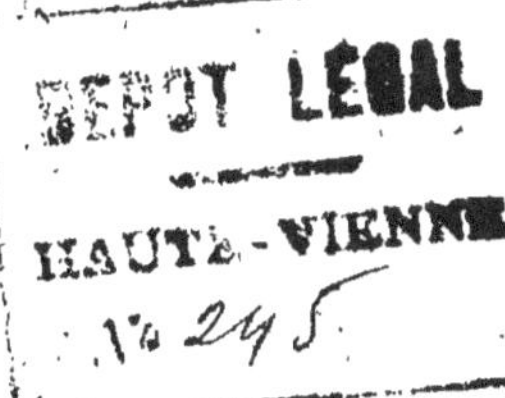

CHARLES-LAVAUZELLE & Cⁱᵉ

Éditeurs militaires

PARIS, Boulevard Saint-Germain, 124

LIMOGES, 62, Avenue Baudin | 53, Rue Stanislas, NANCY

1924

RÉPUBLIQUE FRANÇAISE

MINISTÈRE DE LA GUERRE

Direction de l'Artillerie; Bureau du Matériel. — N° 57.

Cahier des charges communes pour la fourniture, au service de l'artillerie, des ficelles et cordages et instruction spéciale pour l'application dudit cahier des charges communes.

Document abrogé en totalité : *Note relative aux conditions de réception des cordages à fournir aux établissements de l'artillerie, approuvée le 4 avril 1902.*

Paris, le 4 avril 1910.

Cahier des charges communes pour la fourniture, au service de l'artillerie, des ficelles et cordages.

Article 1er.

PROVENANCE DES FOURNITURES.

Les ficelles et cordages seront de fabrication française.

Le chanvre employé devra être de première qualité de France, à l'exclusion de tous chanvres étrangers. Il devra avoir subi un rouissage complet avant le broyage ou le teillage; il ne contiendra aucun autre textile.

Le fournisseur aura à justifier de la provenance des chanvres, s'il en est requis.

Article 2.

COMPOSITION DES FICELLES ET CORDAGES.

Les cordages seront composés de premiers brins, neufs, souples, bien épurés et totalement purgés d'étoupes et de chène-

vottes; ils devront être également tordus sur toute leur longueur, les torons ayant une grosseur et une torsion uniformes.

Article 3.

COMMETTAGE.

Le commettage sera de 140 p. 100, c'est-à-dire que les fils
entrant dans la composition de 100 mètres de cordage devront
avoir une longueur moyenne de 140 mètres.

Pour les cordages en grelin, le commettage des aussières sera
de 140 p. 100; celui des aussières pour la confection du grelin
de 110 à 115 p. 100, c'est-à-dire qu'elles auront en moyenne de
110 à 115 mètres pour obtenir 100 mètres de grelin.

Article 4.

LISSAGE.

Les fils employés pour la confection des cordages ne devront
avoir subi aucun lissage.

Article 5.

FILS A EMPLOYER.

Ficelles et menus cordages. — Les fils seront bien calibrés et
présenteront la même tension dans toute leur longueur.

Le mélange des fils mécaniques et des fils à la main est interdit.

Cordages. — Les fils qui composent les cordages seront bien
calibrés et présenteront la même torsion dans toute leur longueur.

Jusqu'au diamètre de 40 millimètres, les cordages seront confectionnés avec du fil de 6 à 7 millimètres de circonférence
(4 kilogr. pour un kilomètre environ), et portant 75 hélices au
mètre; ceux d'un diamètre supérieur à 40 millimètres seront
confectionnés avec du fil de 7 à 8 millimètres de circonférence
(5 kilogr. pour un kilomètre environ), et portant 65 hélices au
mètre.

Une tolérance en plus ou en moins de 10 p. 100 sur le nombre
d'hélices sera accordée aux fils à la main; pour les fils mécaniques, cette tolérance ne sera que de 5 p. 100.

Le mélange dans un même cordage de fils mécaniques et de
fils à la main est interdit.

Article 6.

ASPECT DES CORDAGES.

Ficelles et cordages blancs. — Les cordages présenteront une teinte claire uniforme et auront l'odeur caractéristique du chanvre nouveau.

Ficelles et cordages à l'huile lourde. — Les cordages auront une teinte uniforme et ne seront pas exagérément gras au toucher.

On s'assurera que l'imprégnation a été bien faite et à cœur, en examinant des sections faites transversalement vers les extrémités; ces sections devront présenter une teinte uniforme sur toute leur surface. On détordra aussi partiellement un toron vers le milieu du cordage, pour vérifier également que l'imprégnation a été faite à cœur.

Article 7.

IMPRÉGNATION A L'HUILE LOURDE.

Le liquide employé pour la fabrication des ficelles et cordages à l'huile lourde proviendra de la distillation des goudrons de houille et contiendra les produits qui distillent entre 150 et 370 degrés centigrades environ; cette huile pourra être mélangée de 15 à 20 p. 100 de son poids d'huile de lin cuite.

La prise d'huile lourde devra être d'environ 15 p. 100 au moment de la pesée après essorage, c'est-à-dire que 100 kilogrammes de cordage blanc devront absorber environ 15 kilogrammes d'huile lourde. Ce chiffre 15, sur lequel est basée la formule de résistance, ne devra pas être dépassé.

Si l'imprégnation a lieu avant commettage et afin d'empêcher dans ce cas que la prise d'huile lourde soit trop considérable, il est bon que les fils soient, à la sortie du bain, pressés au moyen de cordes en crin appelées « livardes », dont la pression est réglée de façon convenable.

Les fils doivent être ensuite séchés à l'air avant commettage.

Article 8.

CONDITIONS GÉNÉRALES DE LA FOURNITURE.

Chaque modèle de cordage est défini par le diamètre exprimé

en millimètres, le nombre de torons et celui de fils par toron, le poids minimum du mètre courant en grammes et la résistance minimum en kilogrammes.

Les résistances, les poids et le nombre des fils sont calculés sur le diamètre minimum. Le poids au mètre et la résistance d'un cordage d'un diamètre plus fort, mais restant dans les tolérances admises, devront être plus considérables et satisfaire aux conditions du cahier des charges.

Article 9.

RÉCEPTION DES FOURNITURES.

Dès leur livraison, les cordages seront examinés un à un en présence du fournisseur ou de son représentant; ceux qui ne seraient pas conformes aux données des tables de construction seront rejetés de la fourniture, les autres seront classés en deux catégories. La première catégorie sera composée des cordages dont l'aspect pourrait faire craindre l'emploi de chanvres de mauvaise qualité ou de provenance douteuse; la seconde, du restant de la fourniture qui sera classé en un ou plusieurs lots, suivant la nature et le diamètre des cordages.

Les cordages des deux catégories seront pesés au moment de la livraison, puis soumis à un essorage d'une durée de six jours au minimum et de dix jours au maximum.

Cette opération consistera à placer les cordages, en rouleaux ou développés, dans un grenier, dans une étuve ou dans un séchoir, à l'abri de l'humidité, en maintenant, s'il est possible, la température du local entre 25 et 35 degrés.

Dans le cas où cette dernière condition ne pourra pas être remplie, les cordages devront être tenus déroulés pendant toute la durée de l'essorage.

Les cordages seront ensuite immédiatement pesés dans le local même où aura eu lieu l'essorage.

Les poids accusés seront ceux de la prise en recette, à la condition cependant que ces poids ne soient pas supérieurs à ceux qu'ils présentaient au moment de la livraison.

La prise en recette ne sera d'ailleurs prononcée qu'après les épreuves de résistance.

Le fournisseur sera avisé, quarante-huit heures avant la séance de la commission de réception, des jours et heures fixés pour la pesée après essorage, le prélèvement des échantillons et les essais de poids et de résistance.

Si le fournisseur ou son représentant n'assiste pas à la séance, il est passé outre et procédé valablement en son absence.

Article 10.

ÉPREUVES DE RÉSISTANCE.

Les épreuves de résistance auront lieu aussitôt après la pesée consécutive à l'essorage.

Elles seront faites dans un endroit sec et, si possible, dans le local même où aura eu lieu l'essorage.

Les essais porteront sur les cordages échantillons prélevés sur la fourniture ainsi qu'il est indiqué à l'article 11.

On notera exactement les poids, les longueurs et le diamètre; ce dernier sera, autant que possible, mesuré à la paille.

Ficelles et cordages blancs. — Pour les ficelles d'un diamètre inférieur à 4 millimètres, la résistance et le poids du mètre devront être au minimum ceux qui sont indiqués dans le tableau ci-après :

DÉNOMINATION DES CORDAGES.	DIA-MÈTRE.	POIDS MINIMUM du mètre courant.	RÉSISTANCE MINIMUM.	OBSERVA-TIONS.
1	2	3	4	5
	millim.	gr.	kg.	
Fil simple à cartouche......	0,9 à 1	0,666	12	
Ficelle de ganse de rouleau de culasse.	1 à 2	0,75	12	
Cordeau de pointage simple........	1,5 à 2	1,7	25	Ficelle câblée.
Ficelle de tampon de lumière, d'enchapure de palan à moufles en bois. · ·	2 à 2,5	3	40	Id.
Ficelle d'attache de dégorgeoir....				
Menu cordage pour ligatures......	2 à 3	3	48	
Menu cordage pour ligatures......	3 à 4	6,5	95	

Pour les cordages de 4 millimètres et au-dessus, le poids du mètre devra être au moins égal à celui résultant de la formule :

$$P = 0,78\ D^2.$$

P étant le poids du mètre en grammes et D le diamètre en millimètres.

Pour les cordages de diamètre inférieur à 45 millimètres, la charge de rupture ne devra jamais être inférieure à 10.000 P (dix mille fois le poids du mètre).

Pour ceux de 45 millimètres de diamètre et au-dessus, elle ne devra jamais être inférieure à 8.000 P (huit mille fois le poids du mètre).

Cordages en grelin. — Le poids du mètre trouvé devra être très rapproché de celui donné par la formule :

$$P = 0,75 \ D^2.$$

La charge de rupture ne devra pas être inférieure à 7.000 P (sept mille fois le poids du mètre).

Ficelles et cordages à l'huile lourde. — La ficelle à l'huile lourde de 1 à 2 millimètres devra satisfaire aux conditions suivantes :

Poids minimum du mètre courant.................. 0 gr. 85.
Résistance minimum. . . .. 10 kilogr.

Pour les autres ficelles et cordages à l'huile lourde, le poids trouvé pour le mètre de cordage devra être au moins égal à celui résultant de la formule :

$$P = 0,897 \ D^2.$$

La charge de rupture ne devra jamais être inférieure à 7.800 P (sept mille huit cents fois le poids du mètre).

Toutefois, la charge de rupture est réduite à 6.250 P (six mille deux cent cinquante fois le poids du mètre) pour les traits de harnais pour chariots à canon, qui ne peuvent pas être confectionnés mécaniquement.

Le lot sera rejeté si les résultats des épreuves ne sont pas satisfaisants. Cependant, si la résistance trouvée n'est inférieure à celle exigée que de moins d'un dixième et si le chanvre ne contient aucun mélange, le fournisseur pourra être admis à demander une contre-épreuve, qui sera faite sur des cordages de même sorte que ceux qui auront servi aux premiers essais, mais le nombre des essais sera doublé.

Article 11.

PRÉLÈVEMENT DES ÉCHANTILLONS.

Après l'essorage, on prélèvera pour être soumis aux essais de poids et de résistance : —

Sur les cordages de la première catégorie.

Un cordage de modèle déterminé sur 50 ou fraction de 50 et 6 mètres pour les cordages d'un diamètre inférieur à 40 millimètres, ou 8 mètres pour les autres, par 200 mètres ou fraction de 200 mètres de cordage en rouleau;

Sur ceux de la deuxième catégorie et par lots.

Un cordage de modèle déterminé sur 100 ou fraction de 100 et 6 mètres pour les cordages d'un diamètre inférieur à 40 millimètres, ou 8 mètres pour les autres, par 400 mètres ou fraction de 400 mètres de cordage en rouleau.

Les échantillons destinés aux essais seront livrés par le fournisseur en sus de la fourniture, sans frais pour l'Etat, en même temps que les livraisons auxquelles ils se rapportent.

Article 12.

EXAMEN PAR LA SECTION TECHNIQUE DE L'ARTILLERIE.

Si l'établissement réceptionnaire ne possède pas les moyens de procéder aux essais, les échantillons seront envoyés à la section technique de l'artillerie pour y être analysés et essayés.

Dans ce cas, les commissions de réception ne pourront prononcer l'acceptation de la fourniture que sur le vu du procès-verbal donnant les résultats des essais faits à la section technique de l'artillerie.

On opérera de même en cas de contestation du fournisseur à la suite du refus d'un lot motivé par les résultats des essais.

Instruction spéciale pour l'application du cahier des charges communes concernant la fourniture, au service de l'artillerie, des ficelles et cordages.

COMPOSITION DE LA FOURNITURE.

Les cordages dont fait usage l'artillerie sont définis par les tables de construction et par les tableaux annexés à la présente instruction, quant à leurs dimensions, à leur composition et à la forme qu'ils doivent présenter. Il y aura donc lieu de recourir à ces documents pour l'établissement des conditions générales de la fourniture.

Celles-ci seront portées à la connaissance des intéressés sous forme d'un tableau établi conformément au modèle ci-après.

NATURE DES CORDAGES.	QUAN-TITÉS.	DIA-MÈTRE (mm).	NOMBRE DE		POIDS MINIMUM du mètre courant (gram-mes).	RÉSIS-TANCE MINIMUM (kil.).	OBSERVA-TIONS (1).
			torons.	fils par toron			
1	2	3	4	5	6	7	8

N. B. — Les résistances, les poids et le nombre des fils indiqués dans le présent tableau ont été calculés sur le diamètre minimum. Si un cordage a un diamètre plus fort, tout en étant compris dans les tolérances, son poids au mètre et sa résistance devront être plus considérables et satisfaire aux données du cahier des charges.

(1) Indiquer dans cette colonne le nombre de cordages à fournir en sus du marché pour les essais à faire, calculé en supposant que les cordages seront tous classés dans la 2ᵉ catégorie. (Voir articles 9 et 11 du cahier des charges communes.)

En ce qui concerne les tolérances à admettre sur les poids e résistances, les chiffres imposés sont des minima au-dessus des quels les fournitures doivent être admises. Quant aux toléran ces sur les diamètres, elles devront être fixées par le cahier de charges spéciales pour chaque espèce de cordage, dans les li mites indiquées aux tableaux faisant suite à la présente ins truction.

RÉCEPTION DES FOURNITURES.

La commission s'assure que le fournisseur a été avisé, au moins quarante-huit heures avant la séance de la commission du jour et de l'heure fixés pour la séance de classement de cordages, de prélèvement des échantillons et des essais de poid et de résistance, afin qu'il puisse s'y rendre ou s'y faire repré senter.

Dans le cas où le fournisseur n'aurait pas été représenté à l séance, la décision de la commission doit lui être communiqué le plus tôt possible.

CLASSEMENT DES CORDAGES.

Pour le classement des cordages conformes aux données de

tables de construction, les commissions de réceptior
opérer d'après les considérations suivantes :

En raison de la diversité des modèles de cordages
par l'artillerie, des différences parfois peu sensibles
diamètres, de l'importance plus ou moins grande des
il est difficile de préciser d'une manière absolue le n
l'espèce des cordages qu'il conviendra de soumettre à
men chimique et à des épreuves de résistance.

Il appartient aux commissions de réception de chaqu
sement d'apprécier dans quelles mesures ces essais dev
faits.

En général, quand l'importance de la fourniture le
tera, il y aura lieu, après le premier examen des com
de classer les cordages en deux catégories, comme il es
ci-après :

1° Quels que soient leurs espèces et leurs diamètres
tuer, s'il y a lieu, un lot de cordages dont l'aspect pour
craindre l'emploi de chanvres de mauvaise qualité ou
venance douteuse;

2° Former, quelles que soient leurs espèces, un ou
lots des autres cordages, d'après leurs diamètres, en
dans un même lot les cordages de 9 à 12, de 12 à 16, de
de 20 à 25, de 26 à 35, de 36 à 50 et de 70 (élingues de
tance).

Ainsi, par exemple, un des lots de la 2ᵉ catégorie ser
posé des cordages dont les diamètres varient de 12 à
mètres comprenant les cordages d'un modèle déterminé
les rallonges de trait, les traits de poitrail, les cordes
lons, etc., et autre lot de rouleaux de cordages desti
confection des cordages de palan, etc., et on opérerait
pour les autres cordages de diamètres différents en les
comme il vient d'être dit.

Dans le classement, il y a lieu de former les lots de
de même nature : blancs, goudronnés, à l'huile lourde

PRÉLÈVEMENT DES ÉCHANTILLONS.

Il sera prélevé, pour les essais, soit des cordages de
déterminé, soit des bouts de 6 ou 8 mètres coupés à
extrémité d'un même cordage, ou mieux sur deux cord
férents. On devra avoir soin de choisir, pour les soume

essais, les cordages dont la rupture présenterait le plus d'inconvénients, tels que les traits, les rallonges de trait, les cordages destinés aux manœuvres de force, etc.

Pour les cordages de la première catégorie, le nombre d'échantillons à essayer sera de 1 cordage d'un modèle déterminé sur 50 ou fraction de 50, et 6 ou 8 mètres par 200 mètres ou fraction de 200 mètres de cordages.

Pour ceux de la deuxième catégorie, ce nombre sera de 1 sur 100 cordages de modèle déterminé ou fraction de 100, et 6 ou 8 mètres par 400 mètres ou fraction de 400 mètres de cordages.

Quand il s'agit de cordages très longs, tels que câbles de chèvre, prolonges doubles, etc., il y a lieu de ne prélever que des bouts de 6 ou 8 mètres, tout en considérant ces cordages comme des cordages confectionnés, au point de vue de la proportion des échantillons à prélever pour les essais.

Le nombre des cordages à fournir en sus du marché pour être soumis aux essais aura été calculé en supposant que tous les cordages sont classés dans la deuxième catégorie; si la livraison était à classer, en tout ou en partie, dans la première catégorie, il y aurait lieu de soumettre aux essais le nombre de cordages prévu pour cette dernière catégorie. Les cordages ainsi prélevés en surnombre seraient remplacés aux frais du fournisseur.

CONTRE-ÉPREUVE.

Les essais faits, sur les cordages de l'une ou de l'autre de ces deux catégories, qui ne répondront pas aux conditions du cahier des charges, entraîneront le rejet du lot dont les cordages faisaient partie. Cependant, s'il y a un manque de résistance inférieur au dixième de celle qui est exigée, et si, d'un autre côté, le chanvre ne contient aucun mélange, le fournisseur pourra être admis à demander une contre-épreuve, qui sera faite sur des cordages de même sorte que ceux qui auront servi aux premiers essais, mais en doublant le nombre des épreuves.

ACHATS SUR FACTURE, MARCHÉS DE GRÉ A GRÉ DE PEU D'IMPORTANCE.

Pour les achats sur facture et les marchés de gré à gré de peu d'importance, les établissements procéderont suivant les circonstances, en se conformant, autant que possible, aux indications qui précèdent et à celles du cahier des charges communes.

REMORQUES EMPLOYÉES DANS LES TIRS A LA MER.

Cette instruction ne concerne pas les cordages destinés à être employés comme remorques dans les tirs à la mer.

Les directions d'artillerie côtières continueront à s'adresser directement aux ports militaires les plus voisins pour obtenir la cession de ces cordages et rendront compte au Ministre (3ᵉ Direction; 2ᵉ Bureau; 1ʳᵉ Section) de la valeur des cordages cédés. Le remboursement en sera effectué par les soins de l'administration centrale.

Matériel et harnachement de l'artillerie et des équipages militaires.

TABLEAUX

indiquant la dénomination des principaux cordages en usage dans le matériel et le harnachement de l'artillerie et des équipages militaires, ainsi que les conditions générales de fabrication, le poids minimum du mètre courant et la résistance minimum.

Nota. — Les résistances, les poids et le nombre de fils indiqués dans les présents tableaux ont été calculés sur le diamètre minimum. Si un cordage a un diamètre plus fort, tout en étant compris dans les tolérances, son poids au mètre et sa résistance devront être plus considérables et satisfaire aux données du cahier des charges.

DÉNOMINATION DES CORDAGES.	DIAMÈ-TRE.	NOMBRE de		POIDS MI-NIMUM du mètre cou-rant.	RÉSIS-TANCÈ mini-mum.	OBSER-VATIONS.
		torons.	fils par toron.			
1	2	»	4	5	6	7
	millim.			gr.	kil.	
Ficelles et menus cordages blancs.						
Fil simple à cartouche................	0,9 à 1	»	»	0,666	12	
Ficelle de ganse de rouleau de culasse.	1 à 2	»	3	0 75	12	
Cordeau de pointage simple	1,5 à 2	»	3	1.7	25	Ficelle câblée.
Ficelle de tampon de lumière, d'enchapure de palan à moufles en bois.	2 à 2,5	»	3	3	40	Id.
Ficelle d'attache de dégorgeoir....	2 à 3	»	3	3	48	
Menu cordage pour ligatures......	3 à 4	»	3	6,5	95	
Cordon tire-feu de 75...............	3,5 à 3,8	»	»	12,5	125	Septain.
Cordon tire-feu.						
Dragonne de pince-débouchoir....						
Poignée de tiroir de coffre modèle 1880, poignée de boîte à clous et de boîte à bougie des coffres modèles 1840 et 1858 allongés......	4 à 5	4	3	12,5	125	
Poignée de loqueteau de tiroir de coffre de 120 court...............						
Menu cordage pour ligatures......						

DÉNOMINATION DES CORDAGES.	DIAMÈTRE.	NOMBRE de		POIDS MINIMUM du mètre courant.	RÉSISTANCE minimum.	OBSERVATIONS.
		torons.	fils par toron.			
1	2	3	4	5	6	7
	millim.			gr.	kil.	
Cordages pour têtes d'écouvillons en paillets lardés. . . . . . . (Erseau.....	4 à 5	»	3	»	»	Ficelle mal tordue.
Brosse......	5 à 6	»	3	»	»	Id.
Enveloppe.	6 à 7	»	3	»	»	Id.
Commande de billot..............	6 à 7	4	3	28	280	
Ganse de cabillot..	7 à 9	4	3	38	380	
Poignée de gargoussier.............	8 à 9	4	3	50	500	

Cordages blancs.

DÉNOMINATION DES CORDAGES.	DIAMÈTRE.	torons.	fils par toron.	POIDS MIN.	RÉSIST.	OBSERVATIONS.
Ligne (agrès des batteries opérant en pays de montagne)............	9 à 10	4	3	63	630	
Corde de tirage de clef de chapeau de corps de pompe de 120 court.	10 à 12	4	4	78	780	
Jarretière pour l'embarquement en chemin de fer................						
Ganse de rouleau de culasse........	12 à 14	4	5	112	1,120	
Cordage de poulie de chargement de canon de 19..................						
Jarretière simple et double	14 à 16	4	7	152	1,520	
Corde de brêlage pour chariot d'agrès des unités de 155 court....						
Jarretière ferrée d'affût de place approprié au tir du canon de 138.	15 à 17	4	8	175	1,750	
Jarretière pour levier de culasse de 24 et de 240.................	16 à 18	4	9	200	2,000	
Cordage de moufle de chargement de canon de 24 cent............						
Cordage de palan de grue de chargement de canon de 24 cent.. . .						
Trait de brêlage (dit « trait de paysan »).	18 à 20	4	11	252	2,520	
Elingue pour canon de 120 court..						
Ganse et garan de palan à moufles en bois.						
Cordage de 20 à 22mm..............	20 à 22	4	14	312	3,120	
Prolonge simple..	24 à 26	4	20	449	4,490	
Cordage à crochet de grue de chargement de canon de 32 cent......	25 à 27	4	22	487	4,870	Avec âme.
Cordage de palan de manœuvre de canon de 24 cent.................						

DÉNOMINATION DES CORDAGES.	DIAMÈTRE.	NOMBRE de		POIDS MINIMUM du mètre courant.	RÉSISTANCE minimum.	OBSERVATIONS.
		torons.	fils par toron.			
1	2	3	4	5	6	7
	millim.			gr.	kil	
Prolonge double.						
Cordage de poulie coupée (agrès des batteries opérant en pays de montagne).	27 à 30	4	39	568	5,680	Avec âme.
Trait à canon.						
Cordage de sûreté du canon de 138.	28 à 30	4	27	611	6,110	Id.
Brague de lisoir directeur d'affût de casemate.	30 à 32	4	32	702	7,020	Id.
Cordage de manœuvre à crochet..	32 à 35	4	36	798	7,980	Id.
Brague de lisoir du canon de 138..	36 à 40	4	45	1,010	10,100	Id.
Cabestan de saucisson............						
Câble de chèvre.	40 à 44	4	45	1,248	12,480	Id.
Câble de cabestan...............						
Corde d'enrayage de lisoir de 138..						
Cordage pour élingage de circonstance de canon de 27 cent......	50 à 52	4	70	1,950	15,600	Id.
Elingue de circonstance............	70 à 74	6	78	3,822	30,576	Id

Ficelles et menus cordages à l'huile lourde.

DÉNOMINATION DES CORDAGES.	DIAMÈTRE.	torons.	fils par toron.	POIDS MINIMUM du mètre courant.	RÉSISTANCE minimum.
Ficelles pour ligatures de cordages.	1 à 2	»	3	0,85	10
Ficelle pour ligatures de cordages.					
Ligature de sac de batterie........	3 à 4	»	3	8,0	65
Croisillon de seau à incendie......					
Poignée de boîtes à pétards, à détonateurs, à amorces, à allumeurs, de caisse aux armements du canon-revolver, etc............	4 à 5	4	3	14,5	110
Poignée intérieure de caisse de parc modèle 1852 et modèle 1875......					
Corde de brêlage de bâche de bât modèle 1891.	5 à 6	4	3	22,5	175
Poignée de planchette mobile de caisse blanche pour fusées à signaux.					
Poignée de couvre-obus de coffre modèle 1858 allongé.............					
Poignées de petites caisses blanches de double approvisionnement pour équipage de circonstance...	6 à 8	4	3	32	250

DÉNOMINATION DES CORDAGES.	DIAMÈTRE.	NOMBRE de		POIDS MINIMUM du mètre courant.	RÉSISTANCE minimum.	OBSERVATIONS.
		torons.	fils par toron.			
1	2	3	4	5	6	7
	millim.			gr.	kil.	
Corde de brêlage de porte-outils de pionniers.						
Cordeau de fond de litière.						
Corde de suspension de musette-mangeoire.	6 à 8	4	3	32	250	
Cordeau-lacet de fond de litière. . . .						
Corde de brêlage de caisson léger pour munitions d'infanterie.						
Ganse d'écouvillon-levier et de levier-portereau de montagne.	8 à 10	4	3	57	450	

Cordages à l'huile lourde.

DÉNOMINATION DES CORDAGES.	DIAMÈTRE.	torons.	fils par toron.	POIDS MINIMUM du mètre courant.	RÉSISTANCE minimum.	OBSERVATIONS.
Corde de brêlage de sac de batterie.	9 à 10	4	3	72	560	
Trait de bricole de montagne.						
Corde de bâche.						
Corde de charge pour harnachement de bât, modèle 1908.	10 à 12	4	4	90	700	
Corde à bottillon.						
Poignées de caisses.						
Rallonge de trait.						
Trait pour harnais, modèles 1906 et 1908.	12 à 13,5	4	5	130	1,010	
Longe pour harnais, modèles 1906 et 1908. . . .						
Hauban pour échelle double observatoire modèle 1906.						
Trait de poitrail.	12 à 14	4	5	130	1,010	
Corde-support de prélart.						
Corde de charge.						
Poignée de caisse de frein de rechange de 120 court.	14 à 16	4	7	175	1,370	
Traits pour harnais de bât d'affût.	15 à 17	4	8	200	1,575	
Corde de brêlage de chariot de batterie modèle 1858 approprié au transport des pétards modèle 1886	16 à 18	4	9	230	1,800	
Cordage de brêlage de chariot agricole.						
Cordes de brêlage de chariot-fourragère de batterie et de chariot-fourragère des équipages militaires.	18 à 20	4	11	290	2,260	

DÉNOMINATION DES CORDAGES.	DIAMÈTRE.	NOMBRE de		POIDS MINIMUM du mètre courant.	RÉSISTANCE minimum.	OBSERVATIONS.
		torons.	fils par toron.			
1	2	3	4	5	6	7
	millim.			gr.	kil.	
Cordes à chevaux.)Artillerie. . . . .)Equipages militaires. . .	20 à 23	4	14	360	2,800	
Prolonge modèle 1858.						
Traits de harnais pour chariot à canon.	25 à 27	4	22	560	3,500	Avec âme.
Prolonge à crochets.	27 à 30	4	39	650	5,100	Id.
Prolonge modèle 1827.	30 à 34	4	32	800	6,300	Id.

Cordages goudronnés.

DÉNOMINATION DES CORDAGES.	DIAMÈTRE.	torons.	fils par toron.	POIDS	RÉSISTANCE	OBSERVATIONS.
Corde de frein d'affût de 80, de 90 et de 95.	»	»	»	»	(1) 3,000	Voir, pour la confection de ce cordage, les données des tables de construction relatives à ces affûts.

(1) Pour l'essai à la traction, le cordage doit être enroulé sur un tambour ayant une forme analogue à celle du moyeu des roues et la rupture ne doit pas se produire à plus de 30 cent. environ de l'œil du cordage.

Nota. — Quelques cordages, d'un emploi restreint, afférents à un matériel de modèle ancien, n'ont pas été compris dans le présent document. Si un de ces cordages devait être remplacé, il y aurait lieu de le faire fabriquer d'après un des cordages semblables pris pour type, en se conformant aux données générales de fabrication prescrites pour les autres cordages.

En outre, certains dispositifs en corde, employés dans le matériel de l'artillerie et des équipages militaires, ne figurent pas non plus dans ce document, parce qu'ils sont aussi d'un usage restreint, qu'ils sont prélevés dans des menus cordages et façonnés par les établissements,